北客居

發現臺北客家庄

《建築陶雕模型專刊》

目 次 CONTENTS

局長序

就臺北縣的老客家庄及其居家生活場所而言，由於時代的進步，使得傳統建築景觀，長期被外界所忽略。因此，為發揚文化的精髓，臺北縣客家文化園區特別規劃「北客居-發現臺北客家庄」建築陶雕模型展，將傳統客家建築的特色以陶瓷模型的方式呈現出來，讓民眾對於這塊源流綿長且留存到當代的文化瑰寶，能有更具體的瞭解。

非常慶幸在今日的臺北縣境內，還能看到這麼多真實留存且可以親自走訪的傳統客家建築，無論是「都會客家廟祠群」或是「八連溪江姓公廳」、「板橋湳仔港江樸亭公祖祠堂」、「三峽東眼石堡」、「淡水大溪虎尾寮」、「淡水蜑家棚」及「三芝大坑茶菜寮與火炭窯」等，這些長存於臺北縣境內的客屬民居，將客家血脈與北縣風土的依戀，表露無遺。

「北客居-發現臺北客家庄」依據拓殖歷史為主軸，衍伸出「都會客家與廟祠建築」、「客家大族與公廳建築」、「山崍客家與石頭建築」及「海濱客家與寮棚建築」等四大主題，利用陶雕技藝的創作方法，將現存且尚在使用的客家民居或是廟祠，微縮成一組組優質且具有審美價值的陶瓷建築模型，以此成為臺北縣客家文化資產的絕佳見證，也為廣大的臺北縣民，開啟一扇讓多元流動的族群文化，相互欣賞、相互徜徉的窗口。

希望有更多的臺北縣民及來到臺北縣客家文化園區參訪的觀眾，亦能加入關心及體驗臺北縣客家古蹟建築的行列，並進一步使臺北客家庄的文化傳統與風俗民情薪火相傳，讓臺北縣的族群文化展現更多元、更美好的風貌。

臺北縣政府文化局局長

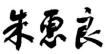

Preface

Due to the progress of time, most of the traditional Hakka-style buildings and residence are oblivious. Therefore, in order to cultivate the quintessence of culture, Taipei County Hakka Museum specially plans and holds a ceramic maquette exhibition entitled North Hakka Buildings: Exploring Hakka Villages in Taipei. Characteristics of the traditional Hakka architecture are presented in ceramic maquette, so the public will have a better understanding of the culture treasure that has long-time history and is still existed nowadays.

Fortunately, there are still so many lively traditional Hakka buildings that we can visit in Taipei County. Those Hakka residences which are located in Taipei County for a long time, including the metropolitan Hakka temple groups, the Jiang's shrine in Balianxi, Jiangputing cognation shrine in Nanzaigang of Banqiao, Dongyan stone castle in Sanxia, Huweiliao in Daxi of Danshui, Danjiapeng in Danshui, Cacailiao and Huotanliao in Dakeng of Sanzhi, and etc, can reveal the attachment between the Hakka heritance and customs of Taipei County.

North Hakka Buildings: Exploring Hakka Villages in Taipei is presented based on the history of reclamation, including four main topics as Metropolitan Hakka and Temple Architecture, Hakka Conation and Shrine Architecture, Upland Hakka and Stone Architecture, and Coastline Hakka and Thatched Cottages. The living Hakka residences or shrines have become the delicate ceramic maquette by the creative maquette methods. These miniatures can be served as the best witness of Hakka culture and inheritance of Taipei County; therefore, they can also be used as windows for the public of Taipei County to appreciate the diverse culture.

It is hoped that more and more citizens of Taipei County and tourists who visit Taipei County Hakka Museum will care about and experience traditional Hakka buildings of Taipei County. Culture, tradition, and customs of Hakka villages of Taipei County will pass on; therefore, the ethnic culture of Taipei County will be presented in a more diverse and exquisite way.

Director, Cultural Affairs Bureau of Taipei County Government

北客居　發現臺北客家庄 ─── 序文

園長序

臺北客家建築的豐富樣貌，是客家拓殖歷程所遺存的文化地景，無論是叢林山墾、田埔農耕、北濱討海維生，乃至街市中的商旅鼎沸等，皆展現臺北縣境內自古以來客家建築與聚落景觀的多樣面貌。

臺北縣客家文化園區對於縣內的客家傳統、客屬社會與風俗民情等，一直是關注的焦點，從曾經展出有關客家族群遷徙故事的「北客流-臺北客家故事」到本次推出的「北客居-發現臺北客家庄」建築陶雕模型展，要讓來到文化園區的民眾認識臺北老客家的過往點滴。

感謝廖倫光老師的精心策劃，讓本次的建築陶雕模型展，從規劃階段到陶瓷模型製作，記錄了客家珍貴的文化遺產，期望藉由文化推廣與陶藝創作的展示，呈現臺北客家的多樣性與鄉土性的精彩風貌。本次展覽的7組建築模型，是以高溫陶瓷為主要的基調，作品本身以樸實為主，再輔以複合媒材的細部修飾，有如具備遺址般的史詩情境。

透過與臺北縣風土人文密切結合的「北客居-發現臺北客家庄」建築陶雕模型展，紀錄了客家血脈與北縣風土的依戀，更見證了客家與其他族群共同開發臺北地區的拓殖歷程，是一檔兼具學術性、在地性的展示，值得參訪。

臺北縣客家文化園區園長

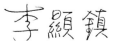

李顯鎮

Preface

The diverse features of Taipei Hakka architecture are the cultural sceneries left upon from the process of reclamation of the Hakka. The mountain reclamation, land farming, fishing along the northern coasts, and business on the streets can reveal the diverse features of Hakka architecture and residences in Taipei County.

Taipei County Hakka Museum has always been concerned about Hakka tradition, societies, and custom of Taipei County. From migration story of Hakka people entitled North Hakka: Hakka People in Taipei County to ceramic maquette exhibition entitled North Hakka Buildings: Exploring Hakka Villages in Taipei, Taipei County Hakka Museum hopes that visitors will have a better understanding of the Hakka's past in Taipei.

Taipei County Hakka Museum appreciates Mr. Arty Liao's elaborate designs. From planning to making ceramic maquette, the ceramic maquette exhibition records precious Hakka heritage. The cultural promotion and ceramic creation exhibition is expected to present magnificent views of the diversity and localism of Taipei Hakka people. Seven sets of architecture models are exhibited this time, particularly pottery made in high heat. Models were made plainly, but delicately decorated with compound materials. Models themselves are like epics relics.

The ceramic maquette exhibition entitled North Hakka Buildings: Exploring Hakka Villages in Taipei records the attachment between the Hakka heritance and customs of Taipei County. The exhibition is also the witness of the process of reclamation on how the Hakka and other ethnic groups cultivated Taipei area. This academic and local exhibition is worthy visiting.

北客居 發現臺北客家庄

序文

Director, Taipei County Hakka Museum

陶雕創作者序

臺北縣美麗的海濱與山川，從古代的客家與其他族群，剛剛開始自閩粵原鄉，渡海來臺之際所見到的荒蕪沃土；其後歷經數百年而生聚為繁榮的工商大都市之後，臺北客家庄到底還為當代與後人，留下什麼樣的足以表徵上述史地脈絡與風土知識的建築與聚落景觀，應該是「北客居-發現臺北客家庄」建築陶雕模型展，最關心的事情。

時至今日的北部濱海、淡水河兩岸、板橋雙和地區、南境山林一帶，處處都可見客家群聚的情形，是臺北縣難能可貴的風土性與族群文化遺產。

這些地方，都是臺北縣客家及其農漁生活的開闢起點，清初以來的客家移民，在此登陸與定居，並將家園與客家文化，代代相傳的傳承至今。「北客居-發現臺北客家庄」建築陶雕模型展，是藉由「海濱至山峽」、「都會至鄉土」及「大風至大壩」等3組類別，呈現墾殖特色與城鄉多樣性的史地軸線，強調目前還遺存在臺北縣客家庄內的建築與景觀，以此表現縣境內的客家風貌與流變脈絡的豐富意象。

非常感謝臺北縣客家文化園區的大力支持，使得原本隱藏在城鄉角落的這些老房子以及土地記憶，能夠藉由簡單的泥土與「手路」，在臺北縣客家文化園區內如鳥瞰圖般的呈現在吾人眼前。再則，當然要感謝幸運之神的眷顧，在施作期限極為匆促，土坯製作與窯燒卻又問題不斷的情況下，竟然有如神助般的得以完工，除了默言，也只誠心地謝天罷。

Preface

The beautiful coastline lines, mountains, and rivers of Taipei County were originally the deserted but fertile lands, when he Hakka and other ethnic groups from Min and Yue provinces crossed the sea to Taiwan. Being developed as the busy business and industrial city after hundred of years, what are the historical and geographic thread of thoughts and customs of architecture and resident sceneries the Hakka in Taipei should leave for the present and the future? That is the major concerns for the ceramic maquette exhibition entitled North Hakka Buildings: Exploring Hakka Villages in Taipei.

Nowadays the Hakka groups and residences can be seen in north coastline, Danshui River, Banqiao, Zhonghe, Yonghe, and mountains regions in the south. These residences are the precious relics of localism and ethnic culture in Taipei County.

All these areas are the beginning point for the Hakka people, their agriculture, and fishery in Taipei County. Since the early Qing Dynasty, the Hakka immigrated and settled down here. The residences and Hakka culture have been passed on generations after generations. Three sets of models "From Coast to Mountain," "From City to Country," and "From Wind to Dam" are presented to reveal historical and geographic axis of the characteristics of reclamation and diversities of cities and counties in the ceramic maquette exhibition entitled North Hakka Buildings: Exploring Hakka Villages in Taipei.

Specials thanks are given to the supports from Taipei County Hakka Museum. The old buildings and the memories of the land forgotten in the cities and counties can be presented in bird's-eye view with simple clay and "manual skills" in Taipei County Hakka Museum. Furthermore, I was blessed even though endless problems on molding and kilning occurred in such short period of time for creating. The ceramic maquette was completed with miracles. I couldn't say anything, but thanked God.

Arty Liao

臺北客家庄概述

■ 鄞山寺的定光古佛像

開墾者的足跡

臺北縣客家庄的拓墾歷程，概略在臺北北部的濱海地區，在康熙年間就已有客屬在此開拓。隨著移民人數的增加，客家移民的開墾範圍也開始往內陸移動，他們沿著淡水河、順著康熙臺北大湖，深入臺北盆地，向盆邊西側下方的新莊前進，經營開墾事業。

時至清中葉，臺北盆地的開發逐漸面臨飽和，加上族群分類械鬥的爆發，促使部份臺北客家移民遷移至往南的桃園及東部的宜蘭等，另外，部份漳州籍與汀州籍的客家移民，則轉至或留在今板橋、中永和、土城及新店安坑等地區進行墾拓，時至今日，上述地區仍是臺北縣客家庄的重要叢聚區。

進入日治時期，臺北縣客家的開墾重心，移往是臺北縣南境的山林地帶。在此之後，從日治晚期乃至二次大戰後，臺北都會區的旺盛商業活力，持續的吸引臺北地區以外的經濟性客家移民，不分城鄉，絡繹不絕的回歸至此地營生與定居。

回顧臺北縣客家庄的拓殖足跡可以發現，客家移民概略以臺北盆地之沼澤溼地為中心，由北端海岸到南境山林，圍塑出一個環狀的生活圈。

11

清初入墾的北部濱海

清初之際，就已渡海至北濱的客籍墾民，舉凡原籍是「詔安縣貳都鄉官埤社頂龍溪上龍甲龍鏡保半更香老樓秉德堂」的大坑謝姓，在家傳手抄族譜中所記，「康熙年父子渡臺...斯時交通不便，且有生番土屬之慮」；或如古庄江正安開基祖墳地之碑記，敘述雍正初年江姓入墾時的艱辛，「避開海濱原住民耳目，而進入八連溪谷地...赴未知的瘴癘外島」。其先祖渡臺後，在三芝與石門等海岸所面對的墾殖環境，與《諸羅縣志》的描述大致相符，「跳石以為梁，潮退急如矢...又有小雞籠，依附在密邇，凡此淡水番」。

客家墾民來到此地，不僅能適應頗為惡劣的自然條件，且學著與向當地的「小圭籠」、「白蕃」等社番請墾荒埔，相安無事的築屋成庄，而在現今三芝鄉境內的八連溪以東，以及相鄰的石門鄉境內，尚是群聚的大族(廖倫光.2007)。

■ 三芝鄉新庄圍窗江姓公廳祖堂舊況

文風乍現的淡水河兩岸

依據清《諸羅縣志》山川總圖中所記錄，康熙時期的臺北盆地為水域廣闊的一大湖泊。湖邊形成環狀的可耕地，促使清初自海岸深入臺北盆地的客家與福佬移民，順著水運向淡水河兩岸尋求發展，因而來到新莊街與淡水街區一帶，開圳種田以求安居，隨便並積極經營文教與街市建設(陳宗仁.1994)，在乾隆二十八年(1763)就已形成誠如《明志書院案底》所載述的臺北巨鎮，「實為臺北要區，天然巨鎮也。中有新莊街一道，商販雲集，煙戶甚眾」。

與林作哲與胡習隆，合組「胡林隆」墾號的福建省汀州府永定縣客籍貢生胡焯猷，是新莊街淡水河西岸這邊，清代客屬最有作為，且捐建數間廟祠與書院的核心人物(吳中杰1998)，其胡姓後人，目前仍舊是新莊泰山的重要客家姓氏；而尹章義所著《泰山鄉志》則指出，十四個世居泰山的家族中就有五姓為客屬。

至於，淡水河東岸的「臺北汀眾」，也就是其後分屬「淡水角」、「新莊角」、「臺北角」、「板橋角」的汀州客屬六大姓四角頭二十一股，以鄞山寺汀人會館為基地，拓展遠及整個臺北地區，乃至原鄉的網絡關係(廖倫光.2007)。

■ 清代中葉同治年間，客家移民參與新莊街武聖廟興修所立石刻廟柱

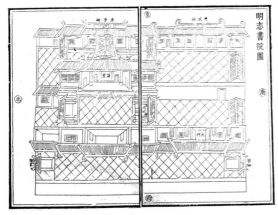

■ 古籍《淡水廳志》中的明志書院圖

■ 別稱汀人會館、汀州會館的淡水鄞山寺。寺內牆上石碑即可見「汀人會館」字樣

世家大族紛立的擺接堡

發生在道光至咸豐年間，臺北地區不同族群之間的對立關係，越趨明顯，到了嘉慶中期以後，不斷爆發武力衝突，導致部分客人遠走外地(陳運棟.1989)。留下的人，以福建省漳州府與汀州府人士為主，諸如永定范姓、永定游姓、永定江姓、詔安游姓、詔安呂姓、詔安廖姓等姓氏的客家大族，他們全面開發擺接堡的板橋、雙和、土城，以及更南側的新店安坑地區，建立一處處以姓氏為凝聚力的客家聚落(邱彥貴.2007；莊華堂.2005)。

■ 板橋湳仔港江姓祠堂一景

然而，經歷族群分類對抗或其他原因的舉家外遷，擺接堡的漳汀客家以及漳州福佬勢力，已經與擺接堡外的萬華、新莊、新店及三峽的泉籍福佬群體，乃至山區的番害與匪類，劃分界限，也就是可以暫稱其為「擺接三角」之新店溪、大科崁溪、南緣山地，三條自然界線所框夾的三角地域。因此，使得客家人與漳州福佬的社會及經濟關係，更為團結緊密，也促使當地客家聚落，發展出具備合族群傾向的合院與竹圍聚落；或如新店安坑溪流域，沿溪谷排列的頂城、下城、頭城、二城、三城、四城與五城等近山部落，在清代乃至日治時期，盛行石造城圍與隘寮等防衛設施。

■ 板橋湳仔港現況

開山事業蓬勃的南境山林

原本尚屬原住民生聚的臺北南境山地，直到日治時期，在現今的大漢溪及新店溪流域上游山區，川流不息的客家墾民，從原居地桃園與新竹等地，憑藉傳統客家人的山林開發與環境適應能力，來此大豹溪及竹崙溪流域山區，從事焗腦、製茶、伐木、燒炭與焗腦等墾山事業(莊華堂.2005)。

舉凡約在大正十年前後(1921)，當泰雅族大豹番被日軍武力驅逐後的三峽山林，開始有山客墾戶，隨「三井合名會社」的叫工招募，進駐深藏在北縣西南邊陲的崇山峻嶺間，闢地建屋而成庄社。進而促使本地至今的前後任里長中，包括五寮里長、金敏里長、插角里長，皆為入墾數代的各籍客屬(廖倫光.2003)。

若以客家叢聚最為密集的三峽大豹溪以西為例，自外縣市的原居地入墾三峽山地山客社群，促使詩朗、東眼、金敏、大豹、竹崙、三層坪的眾多客家庄內，以及客裔人口頗眾的五寮、雙溪、白雞等一帶，客語曾經是當地的主要通行語言。

■ 三峽鎮五寮地區的竹林景觀

■《淡水廳志》附圖之臺北縣街莊里社，包括石門、板橋、淡水、新莊、小雞隆社及臺北大湖的對應位置。

客家移民的臉譜

老臺北客屬又以汀州及漳州客籍的人數最多，而且是臺北縣內客家庄的最主要份子。在此，所謂的「客家庄」，是指客籍人數佔全庄一半以上的傳統聚落，而長期生聚所遺存下來的客家庄社，也就是容易保留或衍生屬於客家社群與風土文化的場域。

由於清代史料文獻，對於客家人的記載相當零碎，使得一般人對於臺北客家人的瞭解相當有限。臺北客家的組成結構，除了較為人熟知的操持四縣腔與海陸腔的客家社群之外，另有客家原鄉之一的福建省汀州府，以及福建省漳州府與廣東省潮州府等。

在語言方面，汀州客與潮州客在語言上已逐漸被福佬人同化，一句出自石門客屬的民諺，描述客家如何福佬化的情境，「原本是漳客，漳仔拖去變泉仔」，其實也反映了廣泛臺北汀州客與潮州客的處境。

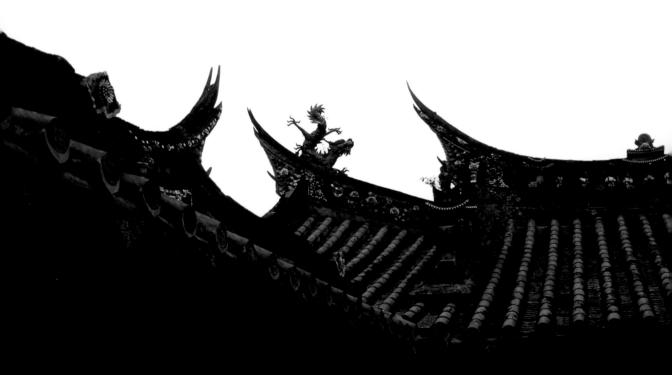

■ 鄞山寺一隅

16

一般人所熟知的「北部客家」，是以農村生活為其強烈的形象，而他們所分佈的桃竹苗地區，則是直接被視為具備正當位置與多數性的臺灣「客鄉」。而臺北客家人與北部客家相形之下，則有與其不同的汀州與漳州客家原鄉，以及與其不同的獨特風俗習慣。例如他們在每年重陽節舉行的歲時節俗，包括祭拜遠祖儀禮的「總忌」，以及舉行「九月九，客人吃麻糬」的風俗；或是在夏季季風與冬季季風交替的空檔之時，施放戰鬥風箏的「九月九，風吹滿天哮」等等。此外，臺北縣客家庄的風土民居與傳統產業建築，亦具地緣性與表現族群文化的豐富面貌，這些都是臺北縣客家庄不同於其他地區客家庄的另一特色。

臺北客家庄與建築特色概述

廣大縣境內的地方風土建築

臺北客家庄的民居豪宅乃至廟祠古蹟建築，實施就地取材的營建方式，呈現出的建築樣式相當樸實，相對福佬建築雖然沒有奢華繁複的設計觀念。但是，其充分融合閩粵原鄉技術，以及落地生根所需的產業變通，乃至俗稱「荷蕃」的荷蘭所傳之「蕃仔砥」石屋或「白蕃」原住民的「虎尾寮」，由此觀之，臺北客家建築兼具務實與隨遇而安的風土特質。

此外，一方面在受限於環境條件，與自然村發展方式下的居住需求之下，臺北縣近山或臨海的客家庄社，所營造的民居與生活環境，充分呈現了適地的與個別的鄉村特色。

另一方面，卻在清初至清中葉的淡水河兩岸，建立大型聯繫的客屬「墾號」、「會館」及其「臺北汀眾」，與擴及全臺北的客屬「四角頭二十一股」等，重視文教與街市取向的集團組織。

上述活絡在廣大縣境內卻又幾乎是隱而不見的客家勢力，其建築亦具備了多元化的形式風格。由於臺北縣幅員遼闊，廣納了各樣多變的地形地貌，歷史變遷與自然環境，客家移民與自然人文環境的互動之下，因而造就了豐富的又貼近地方風土的各式民居建築。

海濱至山崚的地理樣貌：北濱與三峽的距離

侗處北部海角一方的北濱客家庄，其漁業與農稼並重的發展，以及擁有最繽紛多元的八連溪與橫山梯田、八連古圳以及安山岩石牆民居，令人驚豔而目不暇給。這皆是在地理環境上，北向有陽光與大風；而南緣有竹仔山之大屯山脈，所賜的風土資源。

而在臺北縣西南端的三峽客家庄，位處山重水繞與早期蕃害頻繁的險境。常年浸淫在潮濕與鬱積雲霧中的三峽客家庄，若與同樣有「三」字詞的三芝客家相較，確實是距離遙遠。

都會至鄉土的聚落拓展：城鎮與農村風貌

清初以來，淡水河流域帶動了臺北盆地的開發，位於河口的板橋、新莊等地，因為擁有水運交通之便，而順利的從農田聚落發展出商業市街，數百年輾轉至今，而有臺灣首邑的大都會區。

客家墾殖集團及其捐建的眾多公共建築，在清代乾隆盛世起，陸續走進新莊街、淡水街與擺接湳仔商港的舞台。身具街市信仰中心的的三山國王廟或是定光古佛廟，矗立在街頭巷尾；文教被及後人的書院，以及接待原鄉訪客或移民的會館籌設，皆有超過福佬人的傲人成就；作為家族祭祀空間之各姓氏公廳建築，也在開墾行為成功之後，家族隨之繁衍興盛而開始次第出現，以更加凝聚同姓族人的團結意識。

相形之下，在臺北盆地北邊海濱與南側山林地區，客籍先民在此開庄定居，成為主要勢力，從事山墾與漁事產業，也留下了石堡、虎尾寮、茶菜寮、火炭窯與灰窯、焗腦伯公、石滬笱或淡水蜑家棚等與生產活動有關的建築風貌。

■ 淡水鄞山寺的山牆與翹脊燕尾

■ 板橋湳仔庄江姓公廳的背影

大風至大壩的自然調適：東北季風與河川

長年面對冬季東北季風以及夏颱襲擊的北部濱海地區，客家移民依舊成功地開墾了田園與家園，抵擋風勢的又稱「虎飛寮」的虎尾寮，「九月九，客人吃麻糬」之際的季風轉變之際，以及在夏季季風與冬季季風交替的空檔之時，施放戰鬥風箏的「九月九，風吹滿天哮」等等，是北濱客家庄的梯田地表上，最鮮明的文化景觀。

四季從不乾涸見底的淡水河及其支流，穩居北臺灣第一大河寶座，臺北客家在此河系沿線上，開闢了滴仔港江姓聚落、港仔溝的汀州會館及晚近的與廣府籍共組的廣西客家聚落、與新店安坑溪流域以及客語俗稱「大河壩」或「大壩」之大豹溪沿岸的眾多客庄，顯現臺北客家被同一條水系所網絡的豐富故事。

尤其，隨著潮汐高低起伏的水面上，有著可以見到融入出海口潮汐與河川生態的高腳式建築的淡水蜑家棚聚落，這樣的建築型態與調適過程，出現在臺灣建築沿革中，可說是罕見的個案，說明即使是戰後才來臺安居的廣西客家群體，亦能適應惡劣環境的強韌性格。

■ 三芝圓窗社寮港的石滬景觀

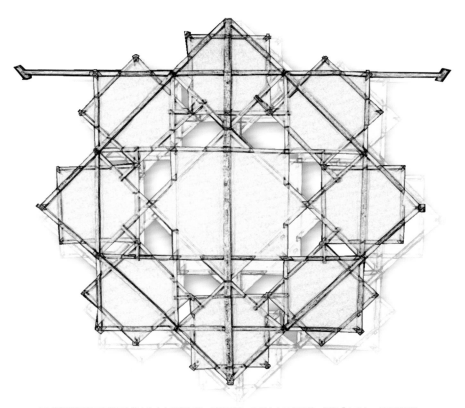

■ 北部濱海地區的僅存少數文化人文景觀民俗～戰鬥風箏，亦稱七十二角風箏，俗稱「九月九，風吹滿天哮」。

發現臺北客家建

多元風貌的臺北客家建築

臺北縣客家建築的豐富樣貌，是客家拓殖歷程所遺存的文化地景。然而，對此確實少有系統性介紹的現象，因此擬推出「北客居-發現臺北客家庄」展示，達到兼具學術性、在地性、通俗化的展示與推廣教育之目標。

臺北客家庄中的風土民居與產業建築，依循流變不居的拓殖場景，無論是叢林山墾、田埔農耕、街市鼎沸乃至討海維生等發展面向，展現臺北客家的多樣面貌。

都會客家與廟祠建築

新莊街客家廟祠建築群

歷史氛圍

自18世紀初期開始，漢移民大量進入臺北盆地開墾。位於淡水河西岸平原上的新莊，地勢平坦，適宜開墾，加上臨近淡水河岸，有水路交通之便，因此快速發展為熱鬧的新興市街，取代了原先的八里坌，當時的北臺灣的最高文官官署（巡檢司）也於1746年從八里坌移至新莊。

新莊當時的繁華，曾被淡水同知胡邦翰譽為「天然巨鎮」。而現今位於新莊老街上的三座廟宇：慈祐宮、廣福宮、武聖廟，正與新莊市街的發展息息相關。

主祀媽祖的慈祐宮，在新莊街肆初始同時建立，是老街上最古老的廟宇，廟前的港墘，正是新莊河港的碼頭，新莊街日後的發展，更是以慈祐宮為起點，沿著河岸向兩端延伸。

主祀三山國王的廣福宮與主祀關帝聖君的武聖廟，分別位處新莊街的街頭與街尾處。廣福宮為潮州客民在開墾有成後所集資興建。武聖廟則由汀州籍貢生，同時也是開墾首領的客屬胡焯猷所捐建，日後並有嘉應州人張穆，將遠在臺北盆地南側的松山之田地產業捐給廟方。

■ 古新莊老街

建築特色

廣福宮是潮州客民集資興建的廟宇，但建築型態樣式並沒有呈現強烈的客家風格，或許是因為聘請閩南籍匠師興建的緣故，但建築細部仍凸顯著與福佬式建築不同之處，如龍柱基座突起的磉石、雙層的櫃臺腳、矩形的木樑、綠釉花磚與斗砌牆面、烏磚及白粉牆等。

慈祐宮主祀媽祖，雖非任何族群的專屬地方神祇，但觀察廟宇建築特徵與古老文物可以發現，慈祐宮最早可能是由客家移民所捐建。慈祐宮廟內有汀州府江氏在乾隆年間捐獻的神桌，首任主持來自漳州府南靖縣。此外，慈祐宮的正殿與拜殿的大木結構在形式上與臺南三山國王

廟相近，拜殿金柱上的
蟠龍，其型態則與廣福
宮前殿的蟠龍石柱相
仿。在廟宇整體散發閩
南風味的同時，這些細
部靜默的傳遞著不同的
潮州風格。

　　戰後經歷幾次大肆
重修的武聖廟，原始的
建築風格已幾乎被抹殺
殆盡，唯有廟中遺留的
碑文可知客家先民對廟
宇的貢獻。

■ 新莊武聖廟窗花木雕

■ 新莊三山國王廣福宮

■ 新莊三山國王廣福宮窗花石雕

■ 新莊武聖廟

新宮深聖澤紅塵擾擾濟羣

■ 新莊慈祐宮窗花石雕

■ 新莊慈祐宮

客家大族與公廳建築

板橋湳仔港江樸亭公祖祠堂

歷史氛圍

客家族群對於祭祀祖先的陽居空間，一般稱為「祠堂」或「祖堂」或「公廳」，然而由於語言或是使用習慣上的差異，在各地出現不同的別名詞彙，如「公屋」、「宗祠」、「祖廳」等。

■ 北濱的茶園景觀

清道光27年，漳州福佬籍的林氏家族，在板橋崁仔腳附近興建租館收取田租。同時也有其他的客家與福佬漳州人，在附近建瓦屋，逐漸形成街肆。不到十年，林家從大溪舉家遷到板橋，即為日後著名之地方大家族。清咸豐初年起，艋舺、新莊連番爆發械鬥，林家建城防禦，板橋逐漸形成客家與福佬漳州人的聚居地，也成為擺接各庄頭的商業中心。板橋主要聯外交通，為大漢溪支流湳仔港的內陸河港，河港碼頭正位於林家大宅西側不遠處的湳仔詔安江姓聚落西北側。

再則，擺接堡一帶的客籍大家族，尚有土城與中和乃至新店安坑的游姓、中和枋寮以及南勢與西勢的呂姓、中和江姓與范姓、以及新店安坑的廖姓族脈等大族。

諸如根據陳光元《江姓祖譜》所述為例，清道光年間江士瑞派下的三芝古庄江姓，大舉遷徙到中和牛埔等地發展，同時期的板橋、土城也有江姓其他房派聚集，因而蔚為擺接堡的大姓之一。

至於，地處湳仔港碼頭與板橋城要道上的江樸亭公祖祠堂，其闢地成庄的來台祖江璞亭為汀州府永定縣高頭鄉江姓派下第十八世祖。從祠堂內所陳

■ 湳仔港客家公廳的門廳

設的神主牌可知，上頭所書寫的兩種不同的堂號：「永邑」，是代表原籍福建省永定縣地望雅化的「永邑」，「濟陽」則是遷徙到福建省之前的中國北方原鄉，也就是山東省的古代郡望。

■ 翹脊燕尾

建築特色

臨近河港碼頭的江樸亭公祖祠堂，嚴格遵循著傳統客家建築的各項規範，並具有漳汀建築的特色，包括：出挑、窗框等建築構件及門廳等建築內部單元所呈現的渾重感；格局尺度親切；格局與外觀充分凸顯公廳的神聖性格，且祭祀行為頻繁。

江樸亭公祖祠堂具有福建西南山地民居的建築表現風，屋頂使用的是青灰色的板瓦。值得一看的是青灰色的板瓦，其為一種傳統中國薄瓦，並與厚重的日本黑瓦及更晚進的水泥瓦，大不相同。

在現在北部的關渡、萬華剝皮寮，乃至淡水、三芝、汐止、基隆，一直到宜蘭縣境內的石城等地，在清末或者是更早之前的明鄭時期，現況中皆有遺留，其實這是臺灣的傳統房舍上，普遍可見到覆蓋青灰色板瓦的屋頂用瓦。此外，與北區所使用的閩東風格的一類青瓦，臺北至宜蘭臨海例。其在規格上也有雷同之處，即瓦邊弧形在短

臺灣曾有貿易線往來的馬祖地或近港運一帶，都有應用的案邊而非長邊。

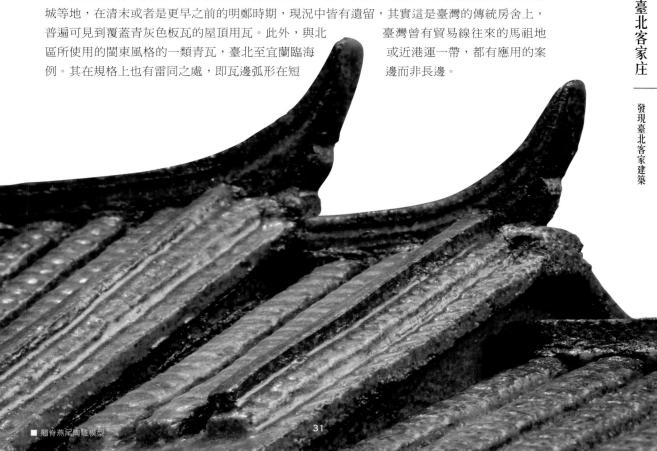
■ 翹脊燕尾陶雕模型

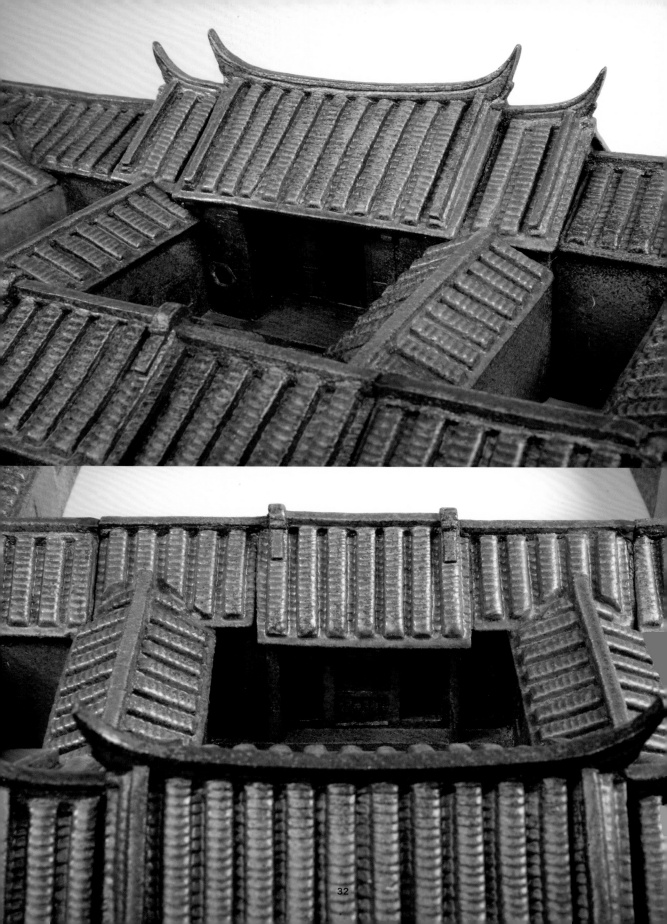

臺北汀眾板橋角之首要姓氏的江樸亭公祖祠
堂，是地處淊仔港碼頭與板橋城要道上的歷
史建築。這棟古老但卻被當代忽略的四合院
祠堂，其建築內涵與文化意義，皆可謂臺北
地區極為難得且保存尚稱完善的公廳建築。
陶瓷模型以單棟建築展現為主，將先進行簡
易測繪以便模型製作，完成後建築景觀平面
約為70*70cm大小。

三芝鄉八連溪江宅公廳

■ 八連溪客家公廳的正廳空間　　　　■ 八連溪江宅公廳

歷史氛圍

宗祠是延續族裔血緣的代表性建築，也是維持敬祖崇賢與慎終追遠風氣的神聖空間。認識客屬宗祠，認識維繫傳統人倫的空間「公廳」，有助於瞭解客家族群如何透過血緣進而穩固地緣關係的社會建構方式。

北部濱海地區的客家人，使用福佬話「公廳」，來稱呼某姓氏所共有的宗祠，「大廳」則稱呼自家個別奉祀的祠堂。祠堂的設置，是為了滿足陽間派下子弟與仙逝祖先之間的對話需要，因此，此一神聖空間內部務求莊嚴合禮，祭儀行為上還要做到以母語與祖宗對話。

三芝鄉的客家入墾，根據祖譜文書記載至少是在清康熙年間，而其首要的客家大姓為汀州府永定縣高頭鄉的江姓家族。江氏一族在三芝八連溪流域與埔頭溪，繁衍了北山派、東山派及南山派等三大房派，並興築有八連溪與圓窗等二處公廳，慎終追遠祖先遺澤，也凝聚族人意識。江姓公廳，可謂八連溪流域境內極具代表性的宗族建築。

建築特色

依山畔水，加之有梯田與古八連圳地景的八連溪江家公廳，不僅是臺北縣客家聚落中的重要文化景點，且由五脊石頭屋、牛馬樑屋架、人字宅、平砌、揹仔、過廊及水車設施等建築元素所組構而成的公廳建築，具有多樣性的風土特色。

例如，五脊屋是因抵擋強風所發展出的屋頂形式、以當地的石材安山岩所砌的石牆、使用八連圳水來碾米、揉茶、發電的水車，以及增加室內空間及緩解風害的揹仔等等。

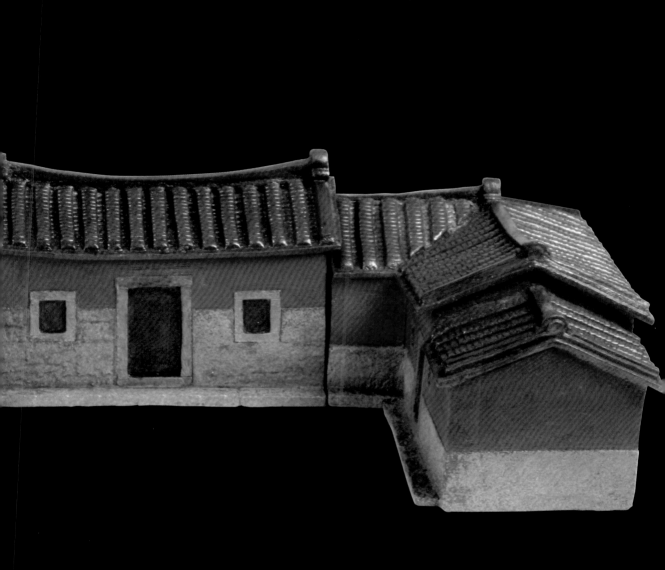

三芝鄉的客家入墾，根據祖譜文書記錄至少是
在康熙年間，而其首要的客家大姓為汀州永定
高頭江姓。依山畔水而有梯田與古八連圳地景
的八連溪江家公廳，不僅是臺北縣客家家族中
的重要文化景點，且是具多樣性風土施作技術
的傳統建築。

陶瓷模型以多棟建築、水車構築及階梯等展現
為主，建築體平面約為60*50cm大小。

海濱客家與寮棚建築

三芝鄉大坑茶菜寮建築群

歷史氛圍

在清季就已蓬勃發展的臺灣茶業，運銷地遠征海外各國。臺北縣客家庄也沒有自外於這波盛行的茶葉熱潮，不少客庄闢建茶園，不少客人租地種茶，收購茶菜或經營茶葉加工生意。根據明治33年「茶圃調查」報告指出，三芝鄉竹仔山下的小基隆新庄，曾經有大坑、橫山、陳厝坑、埔頭坑等四處聚落栽培茶樹。

「茶菜」亦稱「茶菁」，即為剛摘下還尚未烘焙過的茶葉，茶菜經過烘焙完全後，便成為一般人熟知的「茶米」。收集茶菜的各地小型收集站，客語俗稱「茶菜寮」或稱「茶工場」。

至今在上述地方繼續經營茶業，並曾興築夯土為牆及覆草茶菜　的詔安謝姓客屬，據其日治時代的手抄族譜顯示，是早在康熙年代，就已在此屯聚的地方望族。除此之外，臺北盆地南側的大豹與竹崙，一度也是由日商三井公司放租給茶農的茶葉產區。

茶菜寮在三峽及北濱兩地，是與茶山並存的山地景觀，尤其是三芝鄉大坑的茶菜寮建築群，其與竹仔山梯田；地基信仰有關的陰魂地主小祠；為演戲酬神所設的戲棚埔等景況，並存在東北季風吹襲的臨海大山之間，是臺北客家產業史脈中的風土表現。

■ 三峽鎮竹崙茶菜寮（茶工場）　　■ 三峽鎮大豹茶菜寮（茶工場）

建築特色

分佈在茶山之間的茶菜寮，一般皆呈零散的單間分佈，牆體以土夯實而成，可耐強風，也可吸熱、隔熱，利於茶葉中的多餘水分蒸發。屋頂厚實，最厚者可達兩公尺，也是用來防風阻雨。

北客居 發現臺北客家庄

發現臺北客家建築

■ 陽明山茶寮圖譜

清季就已盛行的國際紅茶產業，促使北部客家庄社，常見集購茶菁或茶葉加工的「茶菜寮」。臺北客家茶菜寮在三峽及北濱兩地，曾經是與茶山並存的山地景觀。

尤其，是大坑詔安謝姓報導的茶菜寮建築群，其與竹子山梯田、陰魂地主小祠等文化地景，並存在東北風吹襲的臨海大山之間，是臺北客家產業史脈中的特殊表現。

陶瓷模型以多棟建築、竹子山茶田、陰魂地主小祠等展現為主，建築群與相關環境構成平面約為50*50cm大小。

上圖照片引自陳思萍.2006

北客居 發現臺北客家庄

發現臺北客家建築

淡水鎮大溪許宅虎尾寮

歷史氛圍

開門在山牆面的民居式樣，俗稱虎尾寮，此外尚有多種其他的稱法，中部客家有「毛蟹寮」的別稱；而籍貫安溪的福佬人，則以大風時如虎在飛跑之姿，而稱「虎飛寮」；其他尚有「虎厝」、「尖厝仔」、「山寮」、「歹厝」等稱法。

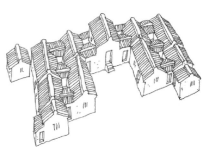

■ 淡水紅瓦窯三合院虎尾寮

虎尾寮疑似承襲早期原住民建築。其原始特徵，也是最顯著的建築型態特色，即是將山牆面充當大門入口的住屋面貌，此與原住民建築有共通之處。其次，虎尾寮以喬木作為中柱來撐起整座房子，與清初《諸羅縣志》所記載的平埔族住屋構築方式也十分相像，「中柱以喬木，樑椽、四壁悉材篙簧」；另則，即使在晚近三十年前的虎尾寮，依舊有此以中柱做為首要牆柱承重的報導，「中央用竹仔柱腳插著，壓茅仔草」。

在淡水鎮轄區東境的大溪虎尾寮，為饒平客屬許姓聚落所擁有，其正立面屋形是中央一間虎尾寮主屋為核心，初建時就從主屋兩側加上小間房，晚近又向縱深與樓上擴充居家空間。這樣的一寮二小間的格局，其三間立面僅僅在兩小間部份，微幅向前突出了一公尺餘的空間，並且成為上可加蓋亭仔的檐廊空間。

三間型虎尾寮的中柱結構，概略已由大廳後的石造隔間牆所取代。而其在初建之初，正立面整面的大門山牆面，據報導全為可拆卸的木板所拼成。原本從事「米店」生意的大溪虎尾寮，在開店買賣米穀之際，是將中堵的木板卸除為櫃檯窗口，甚至亦可將裙堵部份一塊拆下(報導自許時和)。

■ 淡水大溪許宅虎尾寮

虎尾寮原為臨海近山地區的特有建築，適合建築在縱向與狹長的山區基地，以及丘陵地裡的「山凹」或緩坡基地，或是儲藏漁具的「網寮仔」或稱「罟寮仔」的沙灘內側。

幾乎是分佈全臺的虎尾寮，在舊名「滬尾」的淡水分佈頗多，兩者呈現諧音的趣味，不過，在康熙六一年的《臺海使槎錄》記載中有云：「城西至海口，極目平衍，名虎尾，今淡水營所駐也」，可見「虎尾」應比「滬尾」更早出現於淡水。

今日尚有虎尾寮遺存的客家聚落與家宅，包括淡水鎮大溪許宅、三芝鄉內柑宅謝宅、三芝鄉埔頭江宅等等，皆保持著原有的散居狀態與適應狹窄基地的特質。不過，由於砌石工法的演進，在福佬人居多的淡水瓦窯坑與白石腳等地，出現了三合院式的虎尾寮，護龍的部分可以發揮防風的作用。

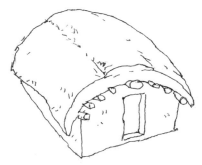

■ 單家圍式虎尾寮

建築特色

虎尾寮的建築風格，混合了原住民建築的構造型態，與荷蘭或西班牙的牆體作法，其特色包括了防禦與耐風襲的牆垣厚度及格局、蕃仔堵或人字宅式的牆體工法、大廳中牆或中柱的應用、正立面可拆卸組裝的木板山牆、覆舟式的覆草木屋頂以及降階明顯的間室等。

虎尾寮的室內隔間一般分為前廳與後室，有的會加上左右護龍成為合院建築，這樣的平面格局，經常被鄉民形容為躺臥的虎形。

虎尾寮除了石造，尚有竹木造、土造等取用在地材料的他種形式。在淡水鎮及三芝鄉境內的虎尾寮，幾乎完全是以方形石塊砌出整面的石牆，此種砌石技術稱為「番仔砥」，由字面上來看，應該是與西方人所傳入的技術有關。

在被視為「歹地」的惡劣山區，虎尾寮通常作為適應不良環境的居地或商店用途。淡水鎮大溪許家，祖籍廣東省饒平縣，其家宅就是建立在山坡地間，做為礱穀間及賣米的店面之用。

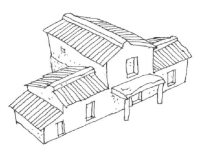

■ 淡水紅瓦窯三開間式虎尾寮

■ 淡水大溪許宅虎尾寮

■ 淡水大溪許宅虎尾寮

採用西洋式「蕃仔堵」所砌的石頭牆虎尾寮，是北濱客家
頗為普及的早期民居樣式。「歹地」的惡劣山區，虎尾寮
常作為適應不良環境的居地或商店用途，淡水鎮大溪的饒
平許宅，就是以山坡地間的石頭牆虎尾寮，做為礱穀間及
賣米的店面之用。王字立面是採內柑宅客屬謝姓牆面，草
屋頂為依據報導所做復原作法。

陶瓷模型以單棟建築展現為主，建築體平面約為37*35cm
大小。

淡水鎮港仔溝口的淡水蜑家棚

歷史氛圍

蜑家棚是一群現代社會的新移民所建構而成的獨特建築聚落，居民組成包括了由廣西客家人及會說俗稱「俍話」之客話居民為相對多數，以及其他會說白話或謂廣府話的廉州人與欽州人。不同於早自清朝墾拓時代遷徙到臺灣的一般客家移民，這批新移民當中，有一部份是國共內戰失利而轉進越南的國民黨之黃杰部隊，自二次大戰後法國管轄的越屬富國島，遣送來臺的廣東部隊。

■ 早期蜑家棚全景

這群原籍廣東廉州、高州、雷州、瓊州等舊稱「下四府」的客家與廣府「老鄉」們，基於漁撈作業與袍澤聚會的方便，自民國59年起，陸續遷居到這塊原本無人居住的公有地上，臨著水岸搭建一棟接著一棟的杆欄式居屋，維持著駕船放罟與都會邊緣生活的維生技能，在北臺灣著名的觀光區邊緣，形塑出彷彿東南亞地區的河岸住屋景觀。

「下四府」當中的客籍或廣府籍的廉州與欽州人，他們與分佈於中國福建、廣東、廣西三省的蜑民之地緣關係，最為接近。因此，除了他們本身的客家「俍話」或是廣府「白話」的母語之外，他們還能聽懂蜑民所操持的鹹水話，以致於他們的語言使用狀況屬於「海陸混合」，此外，在漁撈習慣及建築技術上，已有相當程度的習染關係。

原本僅做為蜑族老人或蜑族小孩暫居的臨時性陸上棚寮被在臺的廣西客家與廣府人，經由文化傳播、學習、渲染之下，複製、並修改為長期使用的臨水住家，重現於對岸的臺灣海島一隅。

建築特色

淡水蜑家棚的原型是中國南方濱海的「蜑家棚」。中國蜑民的居所型態共有「屋」、「柵」、「簿」、「艇」等四種,「淡水蜑家棚」屬於廣東蜑民建築中的「柵」的居所類型,亦稱「水棚」或「蜑家棚」。另則,大陸北海一帶的人,對於這種水上杆欄建築也稱其為「蜑家棚」。

位於淡水河口的蜑家棚,蜑家棚的建築外觀看起來十分簡陋,但可塑形強,可配合地形與使用需要調整與擴建。

蜑家棚位於淡水河口,河口每日固定出現潮汐漲退的水面高低變化,落差可達一公尺之多。在此特殊的水域環境中,淡水蜑家棚則是適應風土的,可以在潮汐中原地浮沉的棚屋或杆欄式建築。簡直是一種以深插在泥沙地且可浮動的棚臺式危屋。其所架起的連棟式室內與室外空間,不僅有直接貫穿全屋而通風涼爽的中央走廊,也有可配合水位高度變化,在河水大漲時,棚面如淡水河上的漂船,甚至可浮高而不會淹沒,因此被戲稱為「按摩床」;或是生動的敘述「像坐船一樣」之說。

更有趣的是在水潦沖拍的大水之日,隨水位上下昇降的淡水蜑家棚,基本上不曾遭水波及屋內,而在水退後,棚下木樁又會歸位退回原點而使棚屋恢復成原本的位置。

在附屬的建築配備方面,其寬敞的門窗開口,與外掛的衛浴間室,以及露台、登梯、洗衣臺等隨機應變的臨時設施,還有用來捕魚的吊罾,早年賴其為生,後來則轉為閒暇時的休閒活動。位於庭院間的常年綠蔭,也就是俗稱「滿年春」或「粄仔樹」、「粿葉樹」的黃槿老樹,為整體建築群增添不少自然風格。

■ 杆欄式蜑家棚

■ 蜑家棚吊罾現況一覽

淡水蜑家棚是廣西「下四府」的客家與廣府人，在當代臺北都會中的風土民居。基於漁撈作業與袍澤聚會的方便，自民國五九年起，遷居到這塊原本無人居住的公有地上，仿照臨水民居所搭建一棟又一棟的杆欄式居屋，維持著駕船放罟與都會邊緣生活的維生技能。

淡水「蜑家棚」的建築特色，是以深插在泥沙地且可浮動的杆欄棚臺，所架起的連棟式室內與室外空間；以及在格局上，貫穿全屋或各住戶的中央走廊與長廊，為其外觀上的首要特徵。

淡水蜑家棚陶瓷模型構成平面，約為95*70cm大小。

■ 臺灣唯一的廣西客屬叢聚地，淡水蜑家棚

北客居 發現臺北客家庄

發現臺北客家建築

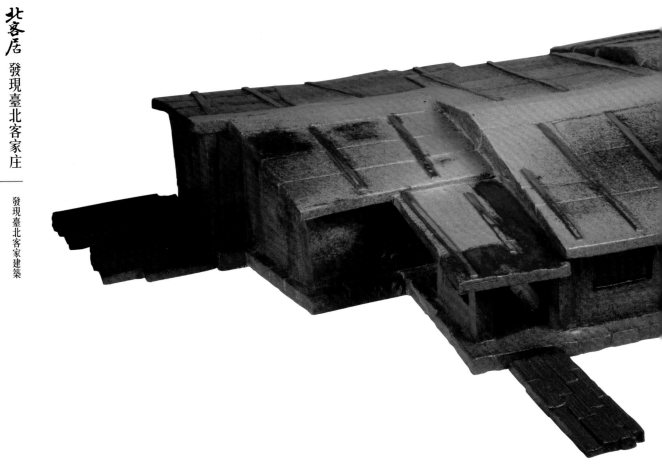

■ 蜑家棚環境全覽圖

■ 蜑家棚船隻

■ 蜑家棚吊罾

49

杆欄式蜑家棚

蜑家棚吊署

山陳客家與土石建築

三峽鎮東眼邱宅石堡

歷史氛圍

以四方砂岩所砌高的石堡或稱「石駁」，是大正十年後入墾三峽山區的客家移民所形塑出的民居樣貌。早期三峽山區富含樟樹等林木資源，吸引桃園新竹等地的客家人遷移至此，從事山墾事業。隨著社會變遷，大山間的樟腦產業已不復見，今日山區改以竹筍為地方特產，主要供應臺北盆地都會區。

深居崇山峻嶺間的三峽客家，以四稜砂岩興築三合院。有些住屋單元還包括了「筍仔窟」及「焗腦伯公」等清洗出土鮮筍的加工空間與供奉行業神的祭祀空間，呈現山地墾殖經驗的產業景觀。三峽鎮插角里東眼邱家，祖籍廣東省詔安縣，其家宅是最具代表性的石堡建築，其石材是取自現地而俗稱為冇石古的砂岩。

建築特色

石堡，就字面意義而言，即是用石塊在陡坡山麓，堆出一表面平坦臺地做為房屋的基地，亦可歸類為土臺式建築的一種。日治時期民俗學者國分直一指出兩項石堡建築的成因，一為避免洪水襲擾，保全自家的生命財產，另一則為了與山形的傾斜面齊平，以方便日後闢建或增加建築腹地。三峽石堡是以質地鬆碎的砂岩作為建材，取代堅硬的磚石做為建築基礎，除了就地取材的便利之外，也方便加工。因此，與其他客家聚落以鵝卵石疊砌的石堡相較，而具有強烈的在地性與獨特風格。

■ 三峽東眼客屬的石堡民宅　　　　　　　　　　　■ 三峽鎮山客的砂岩打製的石頭屋

四方砂岩所砌高的石駁或稱石堡，是大正十
年後入墾臺北縣西南境的三峽山客之特有民
居樣貌。深居峻嶺重谷間的三峽客家，以此
興築舂泥及草屋頂的三合院，有些人家還配
備有「筍仔窟」等，呈現山地墾殖經驗的產
業景觀。

石堡遺存的客家地點，最具特色者是三峽鎮
插角里的東眼詔安邱宅。陶瓷模型以單棟
建築展現為主，建築體平面約為50*40cm大
小。

三芝鄉北濱火炭窯構築

歷史氛圍

北部濱海地區的火炭窯構築大都分佈在初步開發且地表含砂石量大的山區林地上，且地形狹窄、屬山坡地形，其建築形式完全配合自然地勢，獨立的個別窯體在自然景觀中，頗為明顯突出，而相似的窯業構築，則是同樣以北濱特產的安山岩塊，堆砌在海邊的而用來生產石灰的「老古灰窯」。

■ 三芝木屐寮火炭窯之一

「火炭」是入山拓殖的客家人以就地取材方式，擷取丘陵山區的相思木烘製而成，再輸往外地販售，在清季的地方志中也有關於「廣薪炭之利」的文字記載。此項內山產業有獨資也有配股，在臺北三芝、石門與三峽鄉鎮內的客家庄內，在日治中期以後，曾經是風行一時的鄉民產業。但今日已沒落，不過在三芝鄉八連溪木屐寮的客屬地方還有一處以竹仔山滾落的安山岩塊所堆築成龐然大物的火炭窯遺構。

建築特色

北部濱海之石門、三芝地區曾十分盛行火炭烘製，大屯山北麓、三芝鄉竹仔山一帶的炭窯規模較小，窯體牆垣為安山岩塊砌成；頂蓋用夯土成型；利用山坡生土當窯體內面支撐。窯體壁面極為厚實，尚堪堅固耐用。

■ 三芝木屐寮火炭窯之二

窯爐結構上，具備倒焰式火路的「狗嘴」灶口，以及別稱「燕仔巢」的窯內出熱口，不僅與頭前溪中游的鵝卵石窯體，以及北部客家常見的土造窯體，或是南臺灣的生土挖鑿的窯體，有所不同，事實上，在全臺客家聚落中也極為少見。

部份北濱火炭窯沒有設排煙管設施，只在窯內垣牆上留淺孔通氣。在灶口前，則築有蛇木所搭成的「草寮」，以供遮雨之用。

廖禮光

本系列作品的首要陶藝工作者。除長期從事陶藝創作外，並從事高古文物及陶瓷等古物修復、柴窯構築以及與相關學術研究工作。除此之外，北埔第一家擂茶店即由廖禮光所開設，其成因就在於其可在短時間內，量產開店所需的大量擂缽。

【學歷】

逢甲大學歷史與文物管理研究所

【經歷】

2005~	修復組組長（震旦藝術博物館）
1994-1998	中華民國現代陶藝學會理事
1994-2005	成立北埔藝術工作室
1994-2005	古佛像雕塑修復
1996-2002	陶藝社教師（國立清華大學、國立交通大學、新竹師範學院、國立國光藝術學校）/ 陶藝講師（新竹縣教師研習營、高雄六龜鹽燒研習營）
2000	「災變後，晚近續存的十四處蛇窯工場的變貌」協同主持人（國家文藝基金會）
2002	新竹美展工藝類評審
2003	陶塑公共藝術—「鷹揚」（臺中 / 逢甲大學）
2004	「宜蘭磚窯之人才培育計畫及成果展示」協同主持人（宜蘭縣政府）
2004-2005	修復南北朝菩薩雕像、元明瓷器（震旦藝術博物館）
2005	「柴窯構築研究及燒成技藝傳習研究計劃」柴窯講師（國立傳統藝術中心）

建築陶雕模型一覽

北客居 發現臺北客家庄 後記

板橋湳仔港江樸亭公祖祠堂

臺北汀眾板橋角之首要姓氏的江樸亭公祖祠堂，是地處湳仔港碼頭與板橋城要道上的歷史建築。這棟古老但卻被當代忽略的四合院祠堂，其建築內涵與文化意義，皆可謂臺北地區極為難得且保存尚稱完善的公廳建築。

陶瓷模型以單棟建築展現為主，將先進行簡易測繪以便模型製作，完成後建築景觀平面約為70*70cm大小。

三峽鎮東眼邱宅石堡

四方砂岩所砌高的石駁或稱石堡，是大正十年後入墾臺北縣西南境的三峽山客之特有民居樣貌。深居峻嶺重谷間的三峽客家，以此興築舂泥及草屋頂的三合院，有些人家遺配備有「筍仔窟」等，呈現山地墾殖經驗的產業景觀。

石堡遺存的客家地點，最具特色者是三峽鎮插角里的東眼詔安邱宅。陶瓷模型以單棟建築展現為主，建築體平面約為50*40cm大小。

三芝鄉八連溪江宅公廳

三芝鄉的客家入墾，根據祖譜文書記錄至少是在康熙年間，而其首要的客家大姓為汀州永定高頭江姓。依山畔水而有梯田與古八連圳地景的八連溪江家公廳，不僅是臺北縣客家家族中的重要文化景點，且是具多樣性風土施作技術的傳統建築。

陶瓷模型以多棟建築、水車構築及階梯等展現為主，建築體平面約為60*50cm大小。

三芝鄉北濱火炭窯構築

近山拓殖的客家居民，就地擷取丘陵山區的林柴，烘製「火炭」藉此外銷獲利的現象，也就是清季即已盛行的內山產業「廣薪炭之利」，在目前的北部客家縣份依舊遺存。

近山客家所使用的炭窯，以北濱客屬為例，窯體是以夯土為蓋頂、土坡靠背、安山岩塊下堵成型。陶瓷模型以單棟建築體展現為主，約為32*26cm大小。

三芝鄉大坑茶菜寮建築群　淡水鎮大溪許宅虎尾寮　淡水鎮港仔溝口的淡水蜑家棚

清季就已盛行的國際紅茶產業，促使北部客家庄社，常見集購茶菁或茶葉加工的「茶菜寮」。臺北客家茶菜寮在三峽及北濱兩地，曾經是與茶山並存的山地景觀。

尤其，是大坑詔安謝姓報導的茶菜寮建築群，其與竹子山梯田、陰魂地主小祠等文化地景，並存在東北風吹襲的臨海大山之間，是臺北客家產業史脈中的特殊表現。

陶瓷模型以多棟建築、竹子山茶田、陰魂地主小祠等展現為主，建築群與相關環境構成平面約為50*50cm大小。

採用西洋式「蕃仔堵」所砌的石頭牆虎尾寮，是北濱客家頗為普及的早期民居樣式。「歹地」的惡劣山區，虎尾寮常作為適應不良環境的居地或商店用途，淡水鎮大溪的饒平許宅，就是以山坡地間的石頭牆虎尾寮，做為礱榖間及賣米的店面之用。王字立面是採內柑宅客屬謝姓牆面，草屋頂為依據報導所做復原作法。

陶瓷模型以單棟建築展現為主，建築體平面約為37*35cm大小。

淡水蜑家棚是廣西「下四府」的客家與廣府人，在當代臺北都會中的風土民居。基於漁撈作業與袍澤聚會的方便，自民國五九年起，遷居到這塊原本無人居住的公有地上，仿照臨水民居所搭建一棟又一棟的杆欄式居屋，維持著駕船放罟與都會邊緣生活的維生技能。

淡水「蜑家棚」的建築特色，是以深插在泥沙地且可浮動的杆欄棚臺，所架起的連棟式室內與室外空間；以及在格局上，貫穿全屋或各住戶的中央走廊與長廊，為其外觀上的首要特徵。

淡水蜑家棚陶瓷模型構成平面，約為95*70cm大小。

參考書目

戴寶村　《三芝鄉志》，三芝鄉公所，1994。

徐福全　《石門鄉志》，石門鄉公所，1997。

房學嘉　《客家源流探奧》，武陵出版社，1996。

賴雨桐　《客家研究文集》，廣東人民出版社，1995。

吳中杰　《台灣福佬客分佈及其語言研究》，國立臺灣師範大學碩士論文，1999。

臺灣省文獻委員會　《巴達維雅城日記　郭輝中譯》，臺灣省文獻委員會，1624。

陳思萍　《臺灣日治時期近山茶工場研究》，國立臺北藝術大學建築與古蹟保存研究所，2006。

周鐘瑄　《諸羅縣志(康熙五六年)》，臺灣省文獻委員會，1717。

施添福　《清代在臺漢人的祖籍分布和原鄉生活方式》，師大地理系，1985。

國分直一《海邊民俗雜記民俗臺灣第五輯林川夫編》，武陵出版社，1990。

廖倫光　《芝蘭三堡的汀州客家聚落與領域層次　臺北盆地客家墾拓發展史》，臺北縣市客家公共事務協會，2003。

國家圖書館出版品預行編目資料

北客居：發現臺北客家庄 / 廖倫光、彭明智撰稿. -- 第一版. -- [臺北
　縣板橋市]：北縣文化局出版：北縣府發行, 2007.08
　　64面；18.5×25.5公分
　　參考書目：1面
　　ISBN 978-986-01-0512-4（平裝）

　　1.建築　2.客家　3.臺北縣

922.933/103　　　　　　　　　　　　　　　　96014600

北客居 發現臺北客家庄

發行單位：臺北縣政府

發 行 人：周錫瑋

出版單位：臺北縣政府文化局

總　　監：朱惠良

編　　審：唐連成、魏定龍、劉哲彰、江盛來

總 編 輯：李顯鎮

主　　編：賴駿傑

審　　訂：吳培暉、劉秀美

研究單位：小屋之力工作室

計畫主持人：廖倫光

撰　　稿：廖倫光、彭明智

美術設計：朱墨形象設計廣告有限公司

印　　刷：朱墨形象設計廣告有限公司

策劃單位：臺北縣客家文化園區

地　　址：237臺北縣三峽鎮隆恩街239號

網　　址：http://www.hakka.tpc.gov.tw

電　　話：02-2672-9996

傳　　真：02-2671-8660

出版日期：2007年8月第一版第一刷

定　　價：300元

統一編號：1009602061

ＩＳＢＮ：978-986-01-0512-4